기초성경공부

- 성장을 위한 첫걸음 -

4

말씀보존학회

기초성경공부에 들어가면서

하나님은 어느 시대 누구에게나 자신의 구원계획을 받아들일 기회를 주셨습니다. 그러나 불행히도 대부분의 사람들은 구원계획을 거절했고, 그 결과 그들은 영원히 고통받게 될 것입니다.

예수 그리스도를 자신의 구세주로 영접한 것은 당신이 내릴 수 있는 가장 의미 있는 결정입니다. 지옥으로 갈 수밖에 없었던 당신은 이제 주 예수 그리스도와 함께 영원을 보내게 될 것입니다. 더 이상 헛된 삶을 사는 것이 아니라 영원을 바라보며, 살아야 할 이유와 목적을 갖게 된 것입니다. 내면의 공허함은 그분으로 인해 채워집니다.

마귀 또한 당신이 예수 그리스도 안에서 새로운 삶을 갖게 된 것을 알고 있습니다. 당신으로 하여금 하나님의 구원 계획을 거부하도록 하려는 그의 노력은 좌절되었습니다. 그러므로 이제 마귀는 당신이 성장해서 하나님께 가까워지는 것과 당신의 삶 속에서 이루시고자 하는 하나님의 계획을 당신이 이행하는 것을 막기 위해 모든 노력을 다할 것입니다.

이 교재는 예수 그리스도 안에서 새로운 삶을 시작하는 그리스도인에게 도움을 주기 위해 만들어졌습니다. 각 과는 그리스도인과 하나님과의 관계가 무엇인지, 어떻게 그분과 교제하는지, 성경의 기본적인 원리들을 어떻게 자신의 삶에 적용하는지, 그리고 어떻게 하나님의 은혜를 영향력 있게 증거하고 간증할 수 있는지를 이해하는 데 도움을 줄 것입니다.

거듭난 그리스도인으로서의 연륜이 얼마나 되었는지에 관계없이, 당신은 본 교재의 각 과들을 온전히 이해함으로써 자신의 삶에 견고한 기반을 세우며 주 예수 그리스도 안에서 승리하는 삶을 누리는 데 도움을 얻을 수 있을 것입니다.

이 교재가 독자로 하여금 우리 주 예수 그리스도의 은혜와 지식 안에서 자라는 데 도움이 되기를 진심으로 기도합니다.

차 례

이 책에 인용된 성경 구절은 〈한글킹제임스성경〉입니다.

제 13 과 : 그리스도 안에서 누리는 자유

**"내 모든 죄가 용서되었다면
이제 내가 하고 싶은 대로 해도 되는 건가요?"**

신약 성경은 구원받은 그리스도인은 더이상 율법에 얽매이지 않는다는 사실을 분명히 밝히고 있습니다. 그러나 많은 사람들이 이 자유를 죄를 짓는 기회로 잘못 사용하고 있습니다. 자기가 원하는 것은 마음대로 해도 된다고 생각합니다.

이 과의 목적은 우리가 그리스도 안에서 어떤 자유를 누리는지, 또 하나님의 자녀로서 그리스도인의 모든 행동에 어떻게 선을 그어야 하는지를 독자로 하여금 이해하게 하는 것입니다.

1. 무엇이든지 내가 하고 싶은 대로 해도 괜찮은가요?

A. 개인적으로 말할 때, 자신이 원하는 결정을 내릴 자유가 있습니다.

요한복음 8:36

로마서 14:22

디도서 1:15

B. 당신은 그리스도 안에서 영원히 안전합니다. 다시 말해서 진정으로 그분을 자신의 구주로 믿었다면 절대 지옥에 가지 않습니다. 무슨 일을 하든지, 또 당신이 원하든지 원치 않든지 천국으로 갈 것입니다.

갈라디아서 2:16

에베소서 2:8,9

C. 구약의 율법에 얽매이지 않습니다.

로마서 8:2

갈라디아서 3:24,25

2. 그러나...

*A. 예수 그리스도 안에서 가진 자유는 당신으로 하여금 구약의 속박 없이 올바르게 행할 수 있게 해주는 것이지, 죄를 짓는 다든지 원하는 것은 무엇이든지 마음대로 할 수 있게 하기 위한 것이 아닙니다.

갈라디아서 5:13

B. 당신이 가진 자유는 죄많은 육신을 만족시키기 위한 것이 아닙니다.

로마서 6:12-18

C. 당신이 가진 자유는 하나님을 섬기기 위한 것입니다.

베드로전서 2:16

3. 내가 가진 자유가 나의 인격에 어떻게 영향을 주나요?

A. 당신은 원하는 것을 자유롭게 택할 수 있습니다. 그러나 만일 죄를 택한다면 그로 인한 결과를 분명히 고려해야 합니다.

1) 당신은 열매를 맺지 못할 것입니다.

요한복음 15:1-8

2) 하나님께서는 당신을 그분의 아들로서 징계하실 것입니다.

히브리서 12:5-11

3) 하나님께서는 당신이 심은 대로 거두게 하실 것입니다.

갈라디아서 6:7,8

B. 하나님은 어떤 방법으로든지 당신의 삶을 통해서 영광을 받으실 것입니다. 영광의 그릇으로서든 불명예의 그릇으로서든 말입니다. 선택은 당신 자신에게 달려 있습니다.

디모데후서 2:20,21

4. 내가 가진 자유가 내 주위에 있는 사람들에게 어떻게 영향을 미치나요?

A. 당신의 삶은 당신이 원하든 원치 않든 간에, 좋게든 나쁘게든 하나의 간증이 될 것입니다.

로마서 14:7

B. 믿음이 연약한 그리스도인을 실족하게 할 만한 일은 피해야 합니다.

로마서 14:13-15

고린도전서 8:9-13

C. 그것 자체는 나쁘지 않더라도 나쁘게 보이는 일들 역시 피해야 합니다.

로마서 14:16

데살로니가전서 5:22

D. 구원받은 사람들에게나 구원받지 않은 사람들 모두에게 선한 간증을 유지해야 합니다(로마서 14:18).

1) 구원받은 사람들에게

사도행전 6:1-3

사도행전 16:1,2

2) 구원받지 않은 사람들에게

골로새서 4:5

디모데전서 3:7

3) 이것은 주 예수 그리스도 안에서 그들에게 좋은 영향을 끼치기 위한 것입니다.

사도행전 11:22-24

고린도전서 9:19-23

5. 내 자유를 구속하는 것은 무엇입니까?

당신이 연루되기 원하거나 또는 원치 않는 어떤 일들에 관해 생각해볼 때 많은 "회색지대"들이 있음을 알게 될 것입니다. 이런 경우에는 스스로에게 이런 질문을 해 보십시오.

A. 내 삶을 지배해서는 안될 어떤 것의 지배를 받게 되어가고 있지는 않은가?

고린도전서 6:12

B. 나는 나 자신과 다른 사람들을 세워주고 있는가?

고린도전서 10:23

C. 깨끗한 양심으로 하나님께 이 일에 복 주실 것을 구할 수 있는가?

골로새서 3:17

사도행전 24:16

D. 이 일을 하고 있는 순간에 주님께서 다시 오신다면 부끄럽지 않겠는가?

고린도전서 1:8

데살로니가전서 5:23

E. 이 일이 나의 형제를 실족케 하지 않겠는가?

로마서 14:13-15

로마서 15:1,2

F. 이 일이 구원받지 않은 사람으로 하여금 주 예수 그리스도를 자신의 구주로 영접하기를 거부하도록 만들지는 않겠는가?

고린도전서 10:31-33

G. 이 일로 인해 내 양심이 나를 정죄하지는 않는가?

베드로전서 3:16

히브리서 13:18

디모데전서 1:5

6. 기본 질문

A. 내가 가진 자유와 다른 사람들을 고려함에서 오는 부담 사이에서 어떻게 균형을 유지할 수 있습니까?

성령 안에서 행할 때 얻을 수 있는 성령님의 능력을 통해서만 그렇게 할 수 있습니다.

고린도후서 3:6,17

로마서 7:6

복 습 문 제

1. 그리스도인으로서 자기가 원하는 것은 무엇이든지 할 수 있는 것입니까? 간단하게 설명하십시오.

2. 하나님의 말씀은 당신이 누리는 자유에 선을 긋고 있습니다. 그 예들을 다음 구절들에 따라 설명하십시오.

A. *갈라디아서 5:13*

B. *로마서 6:18*

C. *베드로전서 2:16*

3. 만일 죄를 택했을 때 그로 인해 얻는 결과에는 어떤 것들이 있습니까?

A.

B.

C.

4. 하나님께서는 어떤 방법으로든 당신의 삶을 통해 영광을 받으실 것입니다. ________의 그릇으로든 ________의 그릇으로든 말입니다.

5. 당신이 가진 자유가 당신 주위에 있는 사람들에게 영향을 줄 수 있는 네 가지 방법을 나열하십시오.

A.

B.

C.

D.

6. 당신은 구원받은 사람과 구원받지 않은 사람들 모두에게 선한 간증을 유지해야 합니다. 그 이유는 무엇입니까?

7. 개인적인 일에 자신이 가진 자유를 제한하기 위해 스스로에게 물어야 할 일곱 가지 질문을 나열하십시오.

A.

B.

C.

D.

E.

F.

G.

8. 당신이 누리는 자유와 관련해서 성령님께서는 어떤 역할을 하십니까?

9. 이 과의 주된 목적을 간단히 설명하십시오.

♣ 암 송 구 절

갈라디아서 5:13

로마서 15:1

고린도전서 10:31

◆ 주의할 점 : 오늘날 많은 교회가 다음과 같은 교리를 가르칩니다.

1. 그리스도인으로서 하나님을 기쁘시게 하기 위해서는 "정해진 규칙"들을 지켜야 한다.
2. 다른 사람들에게 어떤 영향을 주든지 상관없이 자기가 원하는 대로 행할 자유가 있다.
3. 당신의 행동은 다른 사람들에게 진정으로 영향을 끼치지 않는다.

이 과에서 배운 성경적인 가르침에 따라 이러한 교리가 잘못되었다는 점을 알아야 하며 또 그 이유를 알아야 합니다.

이 과의 주제와 관련된 질문을 적어 보십시오.

NOTES

NOTES

NOTES

제 14 과 : 그리스도인의 직업

"직장에 대한 나의 자세는 어떠해야 하나요?"

성경은 생활 속에서 직면하는 모든 문제에 대한 최종권위입니다. 따라서 그리스도인이 직업에 대해 어떤 자세를 가져야 하는지에 대해서까지도 성경이 언급하고 있다는 사실은 전혀 놀라운 일이 못됩니다. 성인으로서 우리는 생애의 약 4분의 1이라는 시간을 직장에서 보냅니다. 따라서 주 예수 그리스도께서 당신이 이 문제를 어떻게 다루기 원하시는지를 아는 것은 성장에 필수적입니다. 하나님께 유용하게 쓰임 받는 종이 되길 원한다면, 직장 밖에서만이 아니라 직장에서도 그렇게 되어야 하는 것입니다.

이 과의 목적은 하나님께서 원하시는 모습의 고용인(또는 고용주)가 되는 것을 돕는 것입니다.

1. 모든 그리스도인들은 주님을 섬기기 위한 풀-타임 사역으로 부르심을 받았습니다.

A. *에베소서 4:1*은 당신의 소명(부르심)이 예수 그리스도를 섬기는 것이라고 말합니다.

B. 성경은 구원받은 모든 사람들이 그리스도의 몸의 한 지체라는 사실과 각 개체의 기여가 중요함을 분명히 가르치고 있습니다.

고린도전서 12:12-27

에베소서 4:11-16

C. 하나님을 섬기는 것은 단지 교회에서만이 아니라 언제나 해야 하는 것입니다.

베드로전서 3:15

디모데후서 4:2

2. 그리스도인이 직업을 가지는 가장 중요한 목적은 사역을 지원하기 위한 것입니다.

A. 물론 당신의 첫 번째 사역은 당신의 가족을 돌보는 일입니다.

디모데전서 5:8

디모데전서 3:5

B. 당신의 두 번째 사역은 믿음의 가족들을 돌아보는 일입니다.

갈라디아서 6:10

C. 당신의 세 번째 사역은 구원받지 않은 사람들에게 다가가는 일입니다.

고린도후서 5:20

D. 앞 과에서 보았듯이 당신이 가진 물질은 하나님의 사역을 위해 드려져야 합니다. 물질은 위에서 말한 세 가지 영역을 통해 하나님께 영광을 돌리는 데 사용될 수 있습니다.

3. 직업에 대해서는 어떤 태도를 취해야 할까요?

*직업은 사역을 위한 기회로 여겨야지 단지 직업 그 자체로만 여겨서는 안 됩니다.

A. 대부분의 그리스도인들이 구원받지 않은 직장인들을 위해 하는 일이란 고작 그들을 다른 사역자들에게 소개시켜 주는 것입니다.

B. 그러나 바로 당신이 그들에게 주 예수 그리스도를 증거할 유일한 사람일는지 모릅니다.

1) 당신은 예수 그리스도를 나타내는 빛입니다.

마태복음 5:14-16

2) 당신은 자신의 삶으로 성경을 반영해야 합니다.

고린도후서 3:2

C. 가장 많은 시간을 함께 보내는 사람들에게 더욱 큰 영향을 미칠 수 있습니다. 처음 만나는 사람들에게도 그리스도를 증거하고 또 이를 위해 일정한 시간을 정하여 구령도 하지만, 그리스도인다운 삶의 증거를 지속적으로 지켜본 사람들에게는 구령하기가 훨씬 더 쉽습니다.

4. 직장 상사 및 직장에 대해서는 어떤 자세를 가져야 하나요?

A. 주 예수 그리스도께 하듯이 섬기십시오.

에베소서 6:5-8

골로새서 3:22-24

B. 그들이 가진 지위에서 나오는 권위를 존중하십시오. 그 어떤 상사도 모든 면에서 옳을 수만은 없으며 때로는 그들의 결정에

동의하지 않을 수도 있습니다. 그러나 당신은 그들이 가진 리더십에 복종해야 하며 그것을 주 예수 그리스도의 증거를 보여주는 기회로 삼으십시오.

디도서 2:9,10

C. 회사의 재산을 자신의 재산과 혼동하지 마십시오. 그것은 당신의 것이 아닙니다.

레위기 19:11

D. 회사와 정한 시간을 지키십시오. 여덟 시간 근무수당을 받는다면 여덟 시간 일하십시오.

고린도후서 8:21

골로새서 3:22

E. 회사가 이윤을 남길 수 있도록, 또 상사의 체면을 세워줄 수 있도록 최선을 다해야 합니다.

로마서 12:11

고린도전서 10:24

잠언 10:4

잠언 18:9

잠언 21:25

잠언 22:29

요셉은 *창세기 39-50장*에서 그 완벽한 예를 보여주었습니다.

F. 자신의 일에 최선을 다할 뿐 다른 사람의 근무 태도에 영향 받지 마십시오.

데살로니가전서 4:11

데살로니가후서 3:10-13

5. 성경은 또한 고용주로서 자기 수하에 있는 사람들을 어떻게 대해야 하는지 말해 주고 있습니다.

A. 나는 고용인들을 온당하고 공정하게 대하는가? 나 자신은 지키기 싫은 기준들을 그들에게 강요하고 있지는 않는가?

골로새서 4:1

에베소서 6:9

B. 내 주위에 있는 사람들의 필요를 돌아보지 않고 나 자신의 이익 추구에만 전념하고 있지는 않는가?

빌립보서 2:2,3

C. 너무 많은 일을 맡으려 들지는 않는가?

승진이나 전근의 기회가 주어질 때마다 다음의 사항들을 고려해 보십시오.

1) 『지극히 작은 일에 신실한 사람은 큰 일에도 신실하며...』(누가복음 16:10)라는 말씀은 위대한 진리입니다. 지금 맡고 있는 일만이라도 신실하게 해낼 수 있도록 하십시오.

2) 더 많은 책임이 부과되면 될수록 문제가 일어날 가능성은 더 커진다는 사실을 기억하십시오.

야고보서 3:1

전도서 8:9

3) 더 많은 책임을 맡을수록 보다 많은 시간과 에너지가 필요합니다. 당신이 맡은 새로운 책임이 하나님을 섬기는 데 방해가 되지는 않는지 살펴보십시오.

디모데후서 2:4

D. 지도자의 위치에 있더라도 항상 종의 자세를 잃지 마십시오.

마가복음 10:42-45

고린도전서 9:19

고린도전서 10:33

6. 기본 질문

A. 직장 일이 영적인 문제들과 상충될 때는 어떻게 하나요?

1) 교회 활동과 직업상의 스케줄 사이에는 언제나 우선순위의 갈등이 있게 마련입니다. 중요하지 않은 갈등 때문에 직장을 그만둘 수는 없습니다. 당신이 가진 직업은 주님을 위한 사역의 기회라는 점을 잊지 마십시오. 그러나 직장 일을 교회에 대한 책임을 소홀히 하는 구실로 삼아서는 안 됩니다. 이 문제에 있어서 반드시 균형을 유지해야 합니다.

2) 직장에서 요구하는 일이 성경에 어긋날 때는 단호한 태도를 취해야 합니다.

a. 고용주를 위해 거짓말을 한다든지 무엇을 훔쳐서는 안 되며 그밖에 하나님의 명령들을 어겨서는 안 됩니다.

b. 직업과 관련된 유혹들을 뿌리치십시오.

c. 당신을 둘러싸고 일어나는 죄악된 행동들에 영향 받지 마십시오.

B. 직장에서 당하는 "핍박"을 어떻게 견딜 수 있나요?

1) 우리 문화에서 일어나는 대부분의 "핍박"은 그리스도인 자신의 무지의 소산이거나 주님께 대한 헌신의 부족으로 일어납니다. 만일 당신이 "핍박"받고 있다면 다음의 두 가지 이유 중 하나 때문일 것입니다. 당신이 적절하게 행동하지 않았거나, 아니면 당신이 그리스도인으로서 드러내는 증거가 상대방에게 걸림이 된 것입니다.

베드로전서 3:16,17

2) 예수 그리스도를 신실하게 섬긴다면 어느 정도의 역경은 반드시 만나게 될 것입니다.

디모데후서 3:12

3) 그러한 역경을 주님께 맡기는 법을 배우십시오.

베드로전서 2:18-23

C. 직업을 구할 때 유의해야 할 점은 무엇인가요?

1) 그 문제를 하나님께 기도로써 의뢰했습니까?

야고보서 1:5

빌립보서 4:6,7

2) 이 직업을 얻음으로써 하나님께서 당신을 통해 이루시려는 계획이 무너지지는 않습니까? 이것은 단순한 문제는 아닙니다. 신실한 형제들과 이 문제를 놓고 상담하는 것이 큰 도움이 될 수도 있음을 기억하십시오.

3) 그 직업으로 인해 다른 도시로 옮기는 것이 불가피하다면 당신의 영적 필요들을 계속해서 채움 받을 수 있는 교회가 그 지역에 있습니까? 이것은 매우 중요한 문제입니다! 만일 그렇다면, 그 도시에서 내가 출석할 합당한 지역 교회를 찾는 문제에 대한 제8과 내용을 복습하십시오.

4) 당신이 만일 직업을 바꾸고자 하는 상황에 있다면, 당신이 당당히 맞서서 해결해야 할 그 무엇으로부터 도망치고 있는 것은 아닌지 먼저 점검해 보아야 합니다.

복 습 문 제

1. 왜 모든 그리스도인은 주님을 섬기기 위한 전담 사역자로 부름 받았습니까? 각각의 이유에 근거가 되는 성경 구절을 제시하십시오.

A.

B.

C.

2. 당신이 가진 직업의 첫 번째 목적은 당신이 주님을 위해 하는 사역을 지원하기 위한 것입니다. 당신이 지원해야 할 세 가지 사역을 열거하십시오.

A.

B.

C.

3. 자신의 직업을 사역의 기회로 보아야 하는 이유는 무엇입니까?

A.

B.

C.

4. 직장과 상사에 대해 어떤 자세를 가져야 합니까?

A.

B.

C.

D.

E.

F.

5. *창세기 39:1-6*에서 요셉이 그의 주인에게 끼쳤던 영향을 보면서, 그의 삶을 통해 얻을 수 있는 몇 가지 원칙을 나열하십시오.

A.

B.

C.

6. 고용주로서, 고용인들에 대한 자신의 태도를 점검하기 위해 자문해야 할 질문들을 나열하십시오.

A.

B.

C.

D.

7. 승진의 기회가 있을 때 먼저 점검해야 할 네 가지 사항을 열거하십시오.

A.

B.

C.

D.

8. 직장에서의 일정 때문에 교회 활동에 참여할 수 없게 된다면 어떻게 해야 합니까?

9. 때로는 직장에서 성경에 어긋나는 일을 요구하기도 합니다. 이런 경우에 대비해서 주의해야 할 세 분야를 나열하십시오.

A.

B.

C.

10. 직장 동료가 당신이 가진 신앙 때문에 당신을 힘들게 할 때 당신이 고려해야 할 점은 무엇입니까?

A.

B.

C.

11. 새로운 직업을 찾기 이전에 고려해야 할 점은 무엇입니까?

A.

B.

C.

D.

12. 이 과의 목표를 간단히 설명하십시오.

♣ 암 송 구 절

디모데후서 2:4

마가복음 10:44,45

골로새서 3:23

◆ 주의할 점 : 오늘날 사람들이 일반적으로 직업에 대해 다음과 같은 잘못된 생각을 갖고 있습니다.

1. 직업은 단순히 돈을 벌기 위한 수단이다.
2. 그 사람이 직장에서 차지하는 위치야말로 성공의 가장 중요한 척도이다.

3. 직장 상사는 내가 참여하는 교회 활동에 대해 결코 관여해서는 안 된다.

이 과에서 배운 성경적인 가르침에 따라 이러한 생각들이 잘못되었다는 점을 알아야 하며 또 그 이유를 알아야 합니다.

이 과의 주제와 관련된 질문을 적어 보십시오.

NOTES

NOTES

제 15 과 : 세상 속의 그리스도인

"그리스도인으로서 어떻게 세상을 대처해야 하나요?"

성경은 이 세상 제도가 하나님의 영원한 목적을 대적한다는 점을 분명히 말하고 있습니다. 하나님은 그분의 자녀들에게 이 세상 제도로부터 분리될 것을 명령하시지만, 그와 동시에 그 안에 살고 있는 구원받지 못한 사람들에게 예수 그리스도를 전할 것을 명령하십니다.

이 과의 목적은 균형 있고 일관된 삶을 영위함으로써 구원받지 않은 세상 사람들로부터 나쁜 영향은 받지 않는 반면 주 예수 그리스도를 위해 그들에게 영향을 끼칠 수 있도록 하는 데 있습니다.

1. 예수 그리스도를 위해 살면 세상으로부터는 거부당한다는 점을 인지해야 합니다.

A. 예수 그리스도께서 거부당하셨기 때문에 당신 또한 거부당할 것입니다.

요한복음 15:18-21

B. 당신이 그분을 위해 살 때에만 당신은 거부당할 것입니다. 만일 세상과 일치해서 산다면 세상은 당신을 거부하지 않을 것입니다. 경건하게 살고자 하는 사람은 누구든지 박해를 받을 것입니다.

디모데후서 3:12

2. 누가 나를 거부할까요?

A. 당신을 가장 많이 거부할 사람들은 당신과 매우 가깝고 당신을 가장 잘 아는 사람들, 즉 당신의 친구, 가족, 직장 동료, 친척들이 될 것입니다.

마태복음 10:35,36

요한복음 1:11

마가복음 6:4

B. 구원받지 않은 사람들이 당신을 거부할 것입니다. 제 1과에서 말한 두 종류의 영적 가족은 결코 서로 잘 지낼 수 없습니다.

갈라디아서 4:29

C. 사회가 당신을 거부할 것입니다. 현 세상 제도의 속성과 노정은 하나님을 대적합니다. 세상으로부터 오는 거부는 아주 미묘하게 미디어(문학, TV, 라디오 등)를 통해 전달됩니다. 당신은 그러한 것들을 하나님의 말씀에 비추어 판단해야 합니다.

요한일서 2:15-17

야고보서 4:4

D. 물론 그리스도인에 대한 이 모든 거부를 뒤에서 조종하는 인물은 사탄입니다(고린도후서 4:3,4).

1) 그는 당신의 적입니다.

베드로전서 5:8

2) 그는 구원받지 않은 사람들 안에서 현재 역사하고 있습니다.

에베소서 2:2

3. 나를 향한 이 거부를 어떻게 이겨낼 수 있을까요?

A. 유순하게 대답하십시오. 가능한 한 언제든지 싸움은 피하십시오.

잠언 15:1

로마서 12:18

B. 당신의 삶을 통해 하나님을 기쁘시게 하십시오.

잠언 16:7

C. 하나님을 믿으십시오.

요한일서 5:4,5

D. 당신의 적을 사랑하고 그들을 도우십시오. 예수 그리스도께서는 원수를 위해 죽기까지 그들을 사랑하셨습니다. 세상은 이런 사랑을 이해할 수 없지만, 진리를 찾는 사람들은 그 사랑에 이끌림을 받을 것입니다.

로마서 12:14,20,21

E. 당신의 적을 위해 기도하되, 순수한 동기를 가지고 기도하십시오.

마태복음 5:44

F. 좋은 친구들을 사귀십시오. 하나님을 사랑하고 그분을 섬기기

원하는 사람들과 교제하십시오.

잠언 13:20

고린도전서 15:33

G. 자신의 생각을 하나님의 말씀으로 채우십시오.

로마서 12:1,2

4. 그리스도인으로서 어떤 모습으로 세상에 비쳐져야 할까요?

*A. 세상 사람들은 당신이 하나님을 사랑하는 것을 알아야 합니다. 그러나 말로만이 아니라 당신의 생활을 통해서 알 수 있어야 합니다.

고린도전서 8:3

B. 당신의 생활은 세상으로부터 성별되어야 하며 당신의 행동 또한 그들에게 성경적으로 특이하게 비쳐져야 합니다.

고린도후서 6:14-18

베드로전서 2:9

C. 그러나 성경적인 영역을 넘어서서 너무나 특이하게 비쳐져서 영향력을 잃을 정도가 되어서는 안 됩니다. 영적인 것 외의 문제에 있어서는 구원받지 못한 사람들이 당신을 관용적인 사람으로 보아야 합니다.

빌립보서 4:5

고린도전서 9:22

D. 모든 문제에 개방적이고 정직하게 비쳐져야 합니다.

고린도후서 8:21

로마서 12:17

E. 하나님의 은혜에 대한 산 증거를 보여주어야 합니다.

빌립보서 2:14,15

F. 한 마디로 당신은 "좋은 평판"을 들어야 합니다.

디모데전서 3:7

골로새서 4:5-6

5. 나는 세상을 어떤 관점으로 보아야 합니까?

A. 당신은 낯선 땅의 순례자입니다.

히브리서 11:13

베드로전서 2:11

B. 당신의 집은 하늘에 있습니다.

에베소서 2:6

빌립보서 3:20

C. 이 세상은 구원받지 못한 사람들을 예수 그리스도께로 인도하기 위한 "선교 현장"입니다.

사도행전 1:8

마태복음 28:18-20

6. 기본 질문

A. 정부에 대한 나의 의무는 무엇인가요?

1) 하나님께서 제정하신 세 가지 기관 중 하나가 바로 정부입니다. 나머지 둘은 가정과 교회입니다. 모든 정부는 사탄이 조정하기 때문에(누가복음 4:5,6) 근본적으로 하나님을 대적합니

다. 그래도 당신은 하나님께서 정하신 바에 복종해야 합니다.

로마서 13:1,2

2) 당신이 올바르게 행한다면 두려워할 것이 없을 것입니다. 하나님께서는 당신이 올바르게 행할 때 칭찬하실 것입니다.

로마서 13:3-5

3) 법에 정한 대로 정부에 세금을 내십시오.

로마서 13:6,7

마태복음 17:24-27

마태복음 22:15-22

4) 그 제도에 복종하십시오.

베드로전서 2:13-15

5) 권세 있는 자들을 존중하되 그들이 악할지라도 그들의 악에 동참하지는 마십시오. 하나님께 어떤 모양으로든 대항하지 말며, 하나님께서 그들을 다루실 것을 기다리십시오.

베드로전서 2:17-23 - 베드로가 이 말씀을 기록했을 때는 네로가 왕이었습니다. 그는 아마 로마 역사상 가장 포악한 왕이었을 것입니다.

6) 도덕을 법으로 강요할 수 없으며 정치적 행위로 인류를 바꿀 수 없음을 명심하십시오. 인간은 본성적으로 타락했으며 죄인이기 때문에 개인적으로, 안에서부터 밖으로, 주 예수 그리스도를 개인적으로 앎으로써 변화받아야 하는 것입니다.

디도서 2:14

복 습 문 제

1. 그리스도인인 당신은 세상으로부터 어떤 모양으로든지 거부를 당하게 될 것입니다. 그 이유는 무엇입니까?

   A.

   B.

2. 누가 당신을 거부합니까?

   A.

   B.

   C.

   D.

3. 세상으로부터 오는 거부에 대처할 수 있는 방법들이 있습니다. 다음의 구절들과 관련해서 당신이 어떻게 할 수 있는지를 간략하게 설명하십시오.

   A. *잠언 15:1*

B. *잠언 16:7*

C. *요한일서 5:4,5*

D. *로마서 12:20,21*

E. *마태복음 5:44*

F. *잠언 13:20*

G. *로마서 12:2*

4. 구원받지 않은 사람들이 당신의 생활을 바라볼 때 그들은 당신으로부터 어떤 모습을 보아야 합니까?

A.

B.

C.

D.

E.

F.

5. 구원받지 못한 세상을 바라보는 당신의 관점은 어떠해야 합니까?

A.

B.

C.

6. 하나님께서 인간에게 주신 세 가지 기관을 나열하십시오.

A.

B.

C.

7. 그리스도인으로서 우리는 정부에 대한 우리의 의무를 다해야 합니다. 그 중 중요한 것 네 가지를 나열하십시오.

A.

B.

C.

D.

8. 많은 "기독" 단체들이 법안을 통과시킴으로써 땅에 떨어진 도덕성을 회복시키려 노력하고 있습니다. 그럼에도 불구하고 그러한 노력이 효과를 거두지 못하는 이유는 무엇입니까?

9. 이 과의 주제를 간단하게 설명하십시오.

♣ 암 송 구 절

디모데후서 3:12

요한일서 2:15,16

고린도전서 8:3

◆ 주의할 점 : 많은 그리스도인들이 다음과 같은 잘못된 태도를 갖고 있습니다.

1. 그리스도인들은 세상 사람들로부터 완전히 격리되어야 한다.
2. 어떻게 해서든지 주위 사람들이 나를 싫어하지 않도록 해야 한다.
3. 사람들이 나를 거부한다면 나 또한 그들을 거부해야 한다.

이 과에서 배운 성경적인 가르침에 따라 이러한 태도들이 잘못되었다는 점을 알아야 하며 또 그 이유를 알아야 합니다.

이 과의 주제와 관련된 질문을 적어 보십시오.

NOTES

NOTES

제 16 과 : 그리스도의 심판석

"그리스도인들에게도 심판의 날이 있나요?
나는 어떤 일들을 심판받게 되나요?"

그리스도인의 삶은 역설적 진리의 연속입니다. 성경은 하나님의 길이 우리의 길과 같지 않다고 말씀합니다. 왜냐하면 인간은 외적이고 물질적인 문제들을 보지만 하나님께서는 마음의 태도를 보시며 영적인 영역에서 역사하시기 때문입니다. 하나님을 효과적으로 섬기기 원한다면 물질적인 문제들에 초점을 맞추는 것에서 떠나 영적인 문제들에 집중해야 합니다. 인생은 영원에 초점을 맞추며 영적인 영역 안에서 살 때에만 진정한 의미와 목적을 갖게 됩니다.

이 과의 목적은 주 예수 그리스도의 종으로서 자신이 일생 동안 남긴 행적이 어떻게 심판받는지를 상세히 설명함으로써 영원한 문제에 삶의 초점을 맞추도록 하는 데 있습니다.

1. "그리스도의 심판석"이란 어떤 것인가요?

A. 하나님께서는 이제까지 살았던 모든 인간을 심판하실 것입니다.

잠언 29:26

히브리서 9:27

B. 하나님께서는 세상 죄를 갈보리에서 심판하셨습니다. 예수그리스도를 믿었다면 자신의 죄에 대해 심판받을 것을 두려워하지 않아도 됩니다. 왜냐하면 그분께서 자신의 몸으로 대신 심판을 받으셨기 때문입니다.

베드로전서 2:24

고린도후서 5:21

갈라디아서 3:13

C. 이제 그리스도인으로서 받을 심판은 구원받은 이후에 주 예수 그리스도를 섬긴 것에 대한 것입니다. 이 사건이 바로 "그리스도의 심판석"입니다.

고린도후서 5:10

로마서 14:10

2. 그리스도의 심판석에서 나는 어떤 것을 심판받게 되나요?

A. 예수 그리스도의 종으로서 일한 것을 심판받을 것입니다.

고린도전서 3:11-15

B. 당신이 한 일은 그 일 뒤에 숨은 동기와, 일의 양이 아닌 질을 심판받을 것입니다.

1) "각 사람의 일한 것이 어떤 종류인지를"

고린도전서 3:13

2) 해 놓은 일 자체보다는 마음의 태도가 더욱 중요하게 평가될 것입니다. 그 사람의 태도가 올바르다면 그 일 또한 자연히 올바를 것이기 때문입니다.

데살로니가전서 2:4

에베소서 6:6

3. 이 심판으로 인한 부정적 결과는 무엇입니까?

A. 바울은 *고린도후서 5:10,11*에서 그리스도의 심판석을 언급하면서 "주의 두려우심"이 우리로 하여금 그분을 섬기고 다른 사람들에게도 권유하게 한다고 말했습니다. 그리스도인은 결코 지옥에 갈 것을 두려워할 필요가 없습니다. 그러나 최후의 심판과 관련해 몇 가지 유념해야 할 것이 있습니다.

어떤 그리스도인들은

1) 그분께서 나타나셨을 때, 그분을 위해 살지 않았던 것으로 인해 수치를 당할 것입니다.

요한일서 2:28

2) 손해를 당할 것입니다. 그들의 행위가 영원한 것이 아닌 일시적인 것을 위한 일이었기 때문입니다.

고린도전서 3:15

3) 예수 그리스도를 위해 살지 않고 죄 가운데서 살았기 때문에 상을 잃을 것입니다.

고린도후서 5:10

갈라디아서 6:7,8

B. 겉으로 드러나는 모습은 우리를 속이는 경우가 많다는 점을 기억하십시오.

1) 다른 사람뿐만 아니라 당신 자신의 삶 속에서도 겉으로 드러나는 모습에 속지 마십시오. 많은 사람들이 겉모습만 주님의 종인 것처럼 보일 뿐입니다.

누가복음 16:15

고린도전서 1:27-31

2) 땅에 보물을 쌓기보다는 하늘에 상을 쌓는 데 투자하십시오. 주님의 참된 종은 그리스도의 심판석에서 드러날 것입니다.

마태복음 6:19,20

골로새서 3:1-4

4. 어떤 상을 받게 되나요?

그리스도의 심판석에서 받을 수 있는 상들은 신약성경에 나오는 다섯 가지의 면류관입니다.

A. 의의 면류관(디모데후서 4:8)은 주 예수 그리스도의 오심을 사모하는 모든 사람들에게 주어집니다.

1) 성경은 "아멘. 그러하옵니다. 주 예수여, 오시옵소서."라는 말로 끝납니다.

요한계시록 22:20

2) 당신의 지배적인 욕망은 언제나 주님께 있어야 합니다.

빌립보서 1:23,24

B. 생명의 면류관(요한계시록 2:10)은 순교자가 받는 면류관입니다.

1) 이것은 *야고보서 1:12*에 있는 대로 시험을 견뎌낸 자가 받는 상이기도 합니다.

2) 이것은 순교자의 면류관과 같습니다. 왜냐하면 시험을 이길 수 있는 것은 자아에 대해서 죽음으로써만 가능하기 때문입니다.

로마서 6:6-11

C. 썩지 않을 면류관(고린도전서 9:25)은 자제와 절제에 대한 상입니다.

1) *고린도전서 9:18-27*은 모든(물질적, 영적, 정신적) 문제에 있어 자제함으로써 다른 사람들에게 간증이 되는 것에 대한 내용입니다.

2) 하나님을 영화롭게 하기 위해 자기가 가진 자유를 절제하고 연약한 사람들을 기억해야 합니다. 그 좋은 예를 바울에게서 볼 수 있습니다.

고린도후서 12:7-10

D. 자랑의 면류관(데살로니가전서 2:19)은 구령자가 받는 면류관 입니다.

1) 사람들을 예수 그리스도께 이겨오는 사람들에게 주어집니다.

빌립보서 4:1

2) 기쁨의 면류관이라 불리는 이유는 누군가가 구원받을 때 하늘이 기뻐하기 때문입니다.

누가복음 15:7

E. 영광의 면류관(베드로전서 5:4)은 목자가 받는 면류관입니다.

1) 하나님의 말씀으로 양무리를 먹인 사람에게 주어집니다.

2) 목회자뿐만 아니라 구원받은 모든 사람들은 다른 사람에게

하나님의 말씀을 가르쳐야 한다고 성경은 말합니다.

에베소서 4:11-16

디모데후서 2:2

3) 그리고 그 일에는 하나님의 말씀을 통해서만 얻을 수 있는 지혜가 필요합니다.

잠언 4:7-9

5. 기본 질문

A. 왜 그리스도의 심판석에 대해 염려해야 합니까?

1) 주 예수 그리스도의 다시 오심에 초점을 맞추는 것은 우리의 일상생활에 관해 성경이 가르치는 가장 실제적인 교리 중 하나입니다. 아래의 구절에서 주 예수 그리스도의 재림에 초점을 맞춤으로써 얼마나 많은 인격적 특성을 얻을 수 있는지를 눈여겨보십시오.

a. 인내

야고보서 5:7,8

데살로니가후서 3:5

b. 평안

데살로니가전서 4:13-18

c. 기쁨

데살로니가전서 2:19

d. 거룩함

데살로니가전서 3:13

요한일서 3:1-3

e. 확신

빌립보서 1:6

요한일서 2:28

f. 사역을 위한 열심

디모데후서 4:1-8

g. 의로운 삶

디도서 2:11-14

h. 어려운 때에도 갖는 믿음

베드로전서 1:5-7

2) 지상에서 받는 상은 모두 일시적이며 사라질 것들입니다. 그러나 그리스도의 심판석에서 받을 상은 영원하며 결코 사라지지 않을 것입니다.

고린도후서 4:17-5:4

3) 끊임없이 그리스도의 심판석을 바라봄으로써 자연히 사람보다는 하나님을 기쁘시게 하려는 열망을 갖게 될 것입니다. 이러한 태도를 개발하는 것이 세상으로부터 오는 비판과 반대를 극복할 수 있는 가장 확실한 방법입니다.

고린도후서 5:6-9

고린도전서 7:23

복 습 문 제

1. 그리스도의 심판석에서 심판받는 사람들은 어떤 사람들입니까?

2. 그리스도의 심판석에서는 무엇을 심판받습니까?

A.

B.

3. 그리스도의 심판석과 관련해서 유념해야 할 점을 아래에 나열하십시오.

A.

B.

C.

4. 누가 예수 그리스도의 참된 종이며 누가 신실하지 못한 종인지는 나중에 모두 드러날 것입니다. 이 점과 연관해서 기억해야 할 두 가지 원칙은 무엇입니까?

A.

B.

5. 주 예수 그리스도를 신실하게 섬긴 자들에게 주어지는 상이 있습니다. 다섯 가지의 면류관을 나열하고 어떤 경우에 주어지는지를 간단하게 설명하십시오.

A.

B.

C.

D.

E.

6. 그리스도인이 주 예수 그리스도의 재림을 늘 마음에 둘 때 얻게 되는 것들을 나열하십시오.

A.

B.

C.

D.

E.

F.

G.

H.

7. 지상에서 받는 상과 그리스도의 심판석에서 받는 상은 어떤 차이가 있습니까?

8. 주 예수 그리스도의 재림을 끊임없이 생각할 때 얻는 가장 큰 이득은 무엇입니까?

9. 이 과의 목적을 간단히 설명하십시오.

♣ 암 송 구 절

고린도후서 5:8,9

요한일서 2:28

누가복음 16:15

◆ 주의할 점 : 오늘날 많은 교회들이 다음과 같은 교리를 가르치고 있습니다.

1. 하나님께서 그리스도인들의 죄를 심판하실 것이다.
2. 그리스도인이 한 일은 그 동기와 관계없이 심판받을 것이다.
3. 우리가 받을 모든 상과 손해는 이 생애 동안에 받을 것이다.

이 과에서 배운 성경적인 가르침에 따라 이러한 교리들이 잘못되었다는 점을 알아야 하며 또 그 이유를 알아야 합니다.

이 과의 주제와 관련된 질문을 적어 보십시오.

NOTES

NOTES

NOTES

기초성경공부 4

- 성장을 위한 첫걸음 -

초판1쇄 1995년 9월 30일
초판6쇄 2022년 12월 20일

지 은 이 / 편 집 부
발 행 인 / 말씀보존학회

발 행 처 / 말씀보존학회
출판등록 / 제409-2022-000036호
주　　소 / 서울시 강서우체국 사서함 제90호
전　　화 / (02) 2665 - 3743
팩　　스 / (02) 2665 - 3302
인 터 넷 / www.biblemaster.co.kr

잘못된 책은 바꿔 드립니다.

값 3,000 원